VENTE

du

Jeudi 4 Mars 1909

HÔTEL DROUOT, Salle N° 11

à deux heures

ATELIER

FÉLIX BARRIAS

COMMISSAIRE-PRISEUR

Me HENRI BAUDOIN

SUCCr DE Me PAUL CHEVALLIER

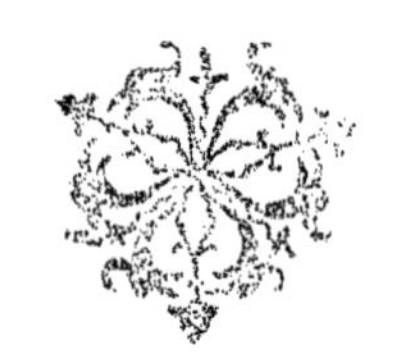

CATALOGUE

DE

Tableaux & Études

PANNEAUX DÉCORATIFS

PAR

FELIX BARRIAS

TABLEAUX & AQUARELLES

PAR DIVERS ARTISTES

Composant sa Collection particulière

ET DONT LA VENTE AURA LIEU

HOTEL DROUOT, Salle N° 11

Le Jeudi 4 Mars 1909, à 2 heures

COMMISSAIRE-PRISEUR
Me HENRI BAUDOIN
Succr de Me PAUL CHEVALLIER
10, rue Grange-Batelière, 10

EXPERT
M. GEORGES PETIT
8, rue de Sèze, 8
PARIS

EXPOSITION PUBLIQUE

Le Mercredi 3 Mars 1909, de 2 heures à 6 heures.

CONDITIONS DE LA VENTE

Elle sera faite au comptant.

Les Acquéreurs paieront ***dix pour cent*** en sus des enchères.

Paris. — Imp. Georges Petit. — 19536-09.

ATELIER F. BARRIAS

TABLEAUX & ÉTUDES

1 — Les Exilés de Tibère.

Esquisse pour le tableau du Luxembourg.

Toile. Haut., 36 cent.; larg., 59 cent.

2 — Œdipe banni par Créon.

Toile. Haut., 1 m. 15; larg., 1 m. 46.

3 — Retour de la Circoncision (Tanger).

Toile. Haut., 1 m. 20; larg., 84 cent.

4 — La Mort du Pèlerin (Campagne de Rome l'hiver).

Daté : *87*.

Toile. Haut., 65 cent.; larg., 1 m. 02.

5 — Repos pendant la séance.

Toile. Haut., 60 cent.; larg., 97 cent.

6 — Une Conspiration à Venise.

Toile de forme ovale.
Haut., 1 m. 67; larg., 1 m. 87.

7 — Débarquement de troupes.

Toile. Haut., 55 cent.; larg., 69 cent.

8 — Jésus enfant parmi les docteurs.

Toile. Haut., 58 cent.; larg., 81 cent.

9 — Sainte Famille.

Toile. Haut., 52 cent.; larg., 1 m. 04.

10 — L'Éducation de la Vierge.

Toile. Haut., 22 cent.; larg., 16 cent.

11 — La Mort de saint Louis.

Toile. Haut., 28 cent.; larg., 23 cent.

12 — Consécration de la Sainte-Chapelle.

Toile. Haut., 30 cent.; larg., 24 cent.

13 — Les Croisés saluant la Terre Sainte.

Toile. Haut., 27 cent.; larg., 55 cent.

14 — Petite fille aux nattes.

Panneau. Haut., 23 cent.; larg., 14 cent.

15 — Jeune garçon lisant.

Panneau. Haut., 14 cent.; larg., 13 cent.

16 — Jeune femme au jardin.

Panneau. Haut., 33 cent.; larg., 24 cent.

17 — Jeune fille à l'ombrelle.

Toile. Haut., 19 cent.; larg., 17 cent.

18 — Le Chapeau de paille.

Carton. Haut., 25 cent.; larg., 19 cent.

19 — Mélancolie.

Panneau. Haut., 32 cent.; larg., 24 cent.

20 — Jeune Italienne.

Toile. Haut., 21 cent.; larg., 17 cent.

21 — Extase.

Toile de forme ovale.
Haut., 55 cent.; larg., 46 cent.

22 — Jeune ermite.

Toile. Haut., 56 cent.; larg., 46 cent.

23 — Dormeuse.

Panneau. Haut., 24 cent.; larg., 32 cent.

24 — L'Évangéliste.

Toile. Haut., 57 cent.; larg., 46 cent.

25 — Profil de femme brune.

Daté : *Rome 1868.*

Toile. Haut., 47 cent.; larg., 38 cent.

26 — Portrait.

Toile. Haut., 33 cent.; larg., 25 cent.

27 — Tête de petite fille.

Toile. Haut., 32 cent.; larg., 24 cent.

28 — Nonchalance.

Toile. Haut., 36 cent.; larg., 30 cent.

29 — Jeune mère italienne.

Toile. Haut., 29 cent.; larg., 21 cent.

30 — Étude de jeune femme rousse.

Panneau. Haut., 33 cent.; larg., 24 cent.

31 — Almée.

Toile. Haut., 24 cent.; larg., 21 cent.

32 — Tête de vieillard de profil à gauche.

Toile. Haut., 40 cent. ; larg., 32 cent.

33 — Tête de jeune femme de trois quarts à droite.

Toile. Haut., 39 cent. ; larg., 31 cent.

34 — Le Cardinal.

Toile. Haut., 36 cent. ; larg., 26 cent.

35 — Tête de martyre.

Toile. Haut., 65 cent.; larg., 54 cent.

36 — Tête de jeune femme de profil à gauche.

Toile. Haut., 40 cent. ; larg., 32 cent.

37 — Étude de vieillard.

Toile. Haut., 40 cent.; larg., 32 cent.

38 — Tête de moine.

Toile. Haut., 40 cent.; larg., 32 cent.

39 — **Tête d'étude.**

Toile. Haut., 46 cent.; larg., 38 cent.

40 — **Tête de Romain de profil à gauche.**

Toile. Haut., 47 cent.; larg., 35 cent.

41 — **Étude de Madone.**

Toile. Haut., 40 cent.; larg., 26 cent.

42 — **La Jeune mère.**

Toile. Haut., 39 cent.; larg., 42 cent.

43 — **Profil de jeune femme.**

Toile. Haut., 46 cent.; larg., 33 cent.

44 — **Tête de négresse.**

Toile. Haut., 32 cent.; larg., 40 cent.

45 — **Devant la porte.**

Carton. Haut., 32 cent.; larg., 24 cent.

46 — **Le Vieux burg.**

Toile. Haut., 34 cent.; larg., 24 cent.

47 — **Pompéi.**

Toile. Haut., 25 cent.; larg., 35 cent.

48 — **Le Souterrain.**

Carton. Haut., 20 cent.; larg., 30 cent.

49 — **L'Allée ombreuse.**

Panneau. Haut., 33 cent.; larg., 24 cent.

50 — **Les Roches grises.**

Toile. Haut., 22 cent.; larg., 31 cent.

51 — Paysage.

Panneau. Haut., 32 cent.; larg., 24 cent.

52 — Le Bassin abandonné.

Carton. Haut., 22 cent.; larg., 29 cent.

53 — Étude sous bois.

Carton. Haut., 24 cent.; larg., 32 cent.

54 — Les Roseaux.

Toile. Haut., 23 cent.; larg., 35 cent.

55 — Au bord de l'eau.

Panneau. Haut., 24 cent.; larg., 32 cent.

56 — Chemin sous bois.

Toile. Haut., 24 cent.; larg., 34 cent.

57 — Ruines romaines.

Toile. Haut., 46 cent.; larg., 34 cent.

58 — La Tourelle.

Carton. Haut., 13 cent.; larg., 36 cent.

59 — Étude de paysage.

Panneau. Haut., 14 cent.; larg., 23 cent.

60 — L'Orée du bois.

Panneau. Haut., 23 cent.; larg., 14 cent.

61 — Sapins et bouleau.

Panneau. Haut., 14 cent.; larg., 23 cent.

62 — Le Toit rouge.

Panneau. Haut., 14 cent.; larg., 23 cent.

63 — L'Escalier de bois.

Panneau. Haut., 23 cent. ; larg., 14 cent.

64 — La Lisière.

Panneau. Haut., 23 cent ; larg., 14 cent.

65 — Bruges.

Panneau. Haut., 14 cent. ; larg., 21 cent.

66 — La Lagune.

Panneau. Haut., 9 cent. ; larg., 12 cent.

67 — Le Volcan.

Toile. Haut., 22 cent. ; larg., 32 cent.

68 — Ombelles.

Panneau. Haut., 31 cent. ; larg., 24 cent.

69 — Le Lierre.

Panneau. Haut., 32 cent.; larg., 24 cent.

70 — Jeune garçon pêchant.

Panneau. Haut., 12 cent. ; larg., 32 cent.

71 — Roi des fauves.

Carton. Haut., 32 cent. ; larg., 24 cent.

72 — Coup de soleil sous bois.

Carton. Haut., 27 cent. ; larg., 17 cent.

73 — Jeune femme peignant.

Panneau. Haut., 23 cent.; larg., 14 cent.

74 — Chaumière et moulin dans la plaine.

Toile collée sur carton.
Haut., 17 cent. ; larg., 30 cent.

75 — Le Banc dans la clairière.

Panneau. Haut., 32 cent.; larg., 24 cent.

76 — Étude de jardin.

Panneau. Haut., 32 cent.; larg., 24 cent.

77 — Mer calme.

Toile. Haut., 25 cent.; larg., 36 cent.

78 — Ciel nuageux.

Toile. Haut., 20 cent.; larg., 34 cent.

79 — Rochers au soleil couchant.

Toile. Haut., 17 cent.; larg., 35 cent.

80 — L'Église (Italie).

Toile. Haut., 35 cent.; larg., 25 cent.

81 — Mer au crépuscule.

Toile. Haut., 13 cent.; larg., 32 cent.

82 — Voie romaine.

Toile. Haut., 18 cent.; larg., 25 cent.

83 — Esquisse.

Toile. Haut., 21 cent.; larg., 35 cent.

84 — La Futaie.

Panneau. Haut., 26 cent.; larg., 18 cent.

85 — Villas au bord de l'eau.

Toile. Haut., 23 cent.; larg., 31 cent.

86 — Quatre études de paysages.

Panneau. Haut., 48 cent.; larg., 65 cent.

87 — **Les Saules.**

Carton. Haut., 32 cent.; larg., 24 cent.

88 — **La Gorge.**

Toile. Haut., 35 cent.; larg., 24 cent.

89 — **Les Murs blancs.**

Toile. Haut., 35 cent.; larg., 27 cent.

90 — **Chaussée dans les marais.**

Carton. Haut., 22 cent.; larg., 32 cent.

91 — **Les Vignes.**

Toile. Haut., 23 cent.; larg., 31 cent.

92 — **Le Moulin.**

Carton. Haut., 22 cent.; larg., 32 cent.

93 — **Solitude.**

Toile. Haut., 26 cent.; larg., 35 cent.

94 — **Le Clocheton.**

Panneau. Haut., 32 cent.; larg., 24 cent.

95 — **Étude d'arbres.**

Panneau. Haut., 32 cent.; larg., 23 cent.

96 — **Le Petit pont.**

Panneau. Haut., 24 cent.; larg., 32 cent.

97 — **Buissons.**

Toile. Haut., 13 cent.; larg., 35 cent.

98 — **Étude de rochers.**

Carton. Haut., 23 cent.; larg., 55 cent.

99 — Bruyères en fleurs.

Panneau. Haut., 32 cent.; larg., 24 cent.

100 — Jeune femme peignant.

Panneau. Haut., 33 cent.; larg., 24 cent.

101 — Un Tronc.

Carton. Haut., 24 cent.; larg., 32 cent.

102 — Les Éteules.

Carton. Haut., 20 cent.; larg., 32 cent.

103 — Le Pommier.

Panneau. Haut., 24 cent.; larg., 33 cent.

104 — L'Allée couverte.

Panneau. Haut., 23 cent.; larg., 14 cent.

105 — Motif d'architecture.

Carton. Haut., 23 cent.; larg., 18 cent.

106 — La Terrasse.

Toile. Haut., 18 cent.; larg., 24 cent.

107 — L'Entrée du port.

Carton. Haut., 18 cent.; larg., 31 cent.

108 — Canal à Gand.

Panneau. Haut., 14 cent.; larg., 23 cent.

109 — La Rivière.

Panneau. Haut., 14 cent.; larg., 23 cent.

110 — Étude de montagnes.

Toile. Haut., 17 cent.; larg., 24 cent.

111 — **Vieilles maisons à Gand.**

Panneau. Haut., 23 cent.; larg., 14 cent.

112 — **Ruines.**

Toile. Haut., 32 cent. 1/2; larg., 17 cent.

113 — **La Clôture.**

Panneau. Haut., 23 cent.; larg., 32 cent.

114 — **La Baie.**

Carton. Haut., 21 cent. 1/2 ; larg., 32 cent. 1/2.

115 — **La Falaise.**

Carton. Haut., 21 cent.; larg., 29 cent. 1/2.

116 — **La Colline.**

Panneau. Haut., 27 cent.; larg., 35 cent.

117 — **Une Villa.**

Toile. Haut., 40 cent.; larg., 31 cent.

118 — **Le Brisant.**

Carton. Haut., 24 cent.; larg., 32 cent.

119 — **Le Palmier.**

Toile. Haut., 42 cent. 1/2; larg., 24 cent. 1/2.

120 — **La Tombe fleurie.**

Toile. Haut., 46 cent.; larg., 27 cent.

121 — **Étude.**

Toile. Haut., 47 cent.; larg., 38 cent.

122 — **Marine.**

Toile. Haut., 27 cent.; larg., 35 cent.

123 — La Colline.

Toile. Haut., 26 cent.; larg., 36 cent.

124 — Le Vieux château.

Toile. Haut., 25 cent.; larg., 39 cent.

125 — Sous bois.

Toile. Haut., 34 cent.; larg., 24 cent.

126 — Paysage.

Toile. Haut., 23 cent.; larg., 42 cent.

127 — Le Paysagiste.

Carton. Haut., 24 cent.; larg., 32 cent.

128 — La Forêt.

Toile. Haut., 24 cent.; larg., 34 cent.

129 — Paysage.

Toile. Haut., 24 cent.; larg., 35 cent.

130 — Terrasse à Capri.

Toile. Haut., 31 cent.; larg., 45 cent.

131 — La Conversation.

Toile. Haut., 24 cent.; larg., 34 cent.

132 — Les Pignons.

Panneau. Haut., 14 cent.; larg., 24 cent.

133 — Artilleur à cheval.

Carton. Haut., 41 cent.; larg., 32 cent.

134 — Étude de vache.

Toile. Haut., 22 cent.; larg., 32 cent.

135 — Étude de cheval harnaché.

Carton. Haut., 37 cent.; larg., 44 cent.

136 — Étude de cheval.

Carton. Haut., 32 cent.; larg., 36 cent.

137 — Trois études de chevaux et cavaliers.

Panneau. Haut., 23 cent.; larg., 45 cent.

138 — Piqueur.

Panneau. Haut., 32 cent.; larg., 24 cent.

139 — Étude de militaire.

Carton. Haut., 24 cent.; larg., 17 cent.

140 — Étude de cheval.

Panneau. Haut., 24 cent.; larg., 24 cent.

141 — Étude de chiens.

Toile. Haut., 31 cent.; larg., 28 cent.

142 — Étude de cavalier en habit rouge.

Carton. Haut., 38 cent.; larg., 46 cent.

143 — Roses.

Carton. Haut., 24 cent.; larg., 32 cent.

144 — Chrysanthèmes.

Panneau. Haut., 14 cent.; larg., 22 cent.

145 — Iris.

Panneau. Haut., 29 cent.; larg., 12 cent.

146 — Étude de roses.

Carton. Haut., 24 cent.; larg., 17 cent.

147 — **Pavots.**

Toile. Haut., 46 cent.; larg., 55 cent.

148 — **Étude de fleurs.**

Toile. Haut., 60 cent.; larg., 50 cent.

149 — **Pivoine.**

Carton. Haut., 19 cent.; larg., 33 cent.

150 — **Étude de roses.**

Carton. Haut., 21 cent.; larg., 39 cent.

151 — **Un cadre contenant sept études à l'aquarelle prises à Tétouan, Tanger et Tlemcen.**

Haut., 60 cent.; larg., 86 cent.

152 — **Un cadre contenant trois paysages des Pyrénées.**

Aquarelle.

Haut., 35 cent.; larg., 79 cent.

153 — **Un cadre contenant neuf études à la sanguine et à la mine de plomb.**

Haut., 62 cent.; larg., 1 m. 20.

PANNEAUX DÉCORATIFS
Esquisses

154 — La Vie de saint Louis.

Esquisse d'une décoration pour la chapelle Saint-Louis, à l'église Saint-Eustache de Paris.

Haut., 27 cent.; larg., 26 cent.

155 — La Vie de saint Louis.

Esquisse d'une décoration pour la chapelle Saint-Louis, à l'église Saint-Eustache de Paris.

Haut., 80 cent.; larg., 27 cent.

156 — La Vie de saint Louis.

Esquisse d'une décoration pour la chapelle Saint-Louis, à l'église Saint-Eustache de Paris.

Haut., 80 cent.; larg., 30 cent.

157 — La Sainte Trinité.

Projet de décoration pour l'église de la Sainte-Trinité, à Paris.

Toile. Haut., 93 cent.; larg., 1 m. 76

158-160 — La Gloire distribuant des lauriers aux grands hommes de la Picardie.

Esquisses d'une décoration pour le Musée d'Amiens.

Peinture à la détrempe sur papier.

Haut., 70 cent.; larg., 1 m. 50.

161 — La Gloire.

Esquisse pour le motif principal de la décoration du Musée d'Amiens.

Peinture à la détrempe sur papier.

Haut., 1 m. 19; larg., 1 m. 19.

162-169 — La Chasse, la Moisson, la Vendange, etc.

Huit panneaux décoratifs pour la salle à manger de l'Hôtel-de-Ville de Paris.

Toile. Haut., 60 cent.; larg., 1 m. 64

170 — Le Triomphe de Psyché.

Esquisse pour un plafond.

Toile. Haut., 65 cent.; larg., 82 cent.

171 — Jupiter précipitant les Titans.

Esquisse pour un plafond.

Carton. Haut., 47 cent.; larg., 77 cent.

172 — Esquisse décorative.

Toile. Haut., 52 cent.; larg., 72 cent.

173 — Esquisse pour 5 panneaux décoratifs.

Toile. Haut., 73 cent.; larg., 59 cent.

174 — Les Arts.

Quatre frises décoratives pour l'Hôtel du Marquis de Westminster, à Londres.

Aquarelle.

Haut., 96 cent.; larg., 1 m. 38.

175 — Esquisse décorative.
Aquarelle.

Haut., 46 cent.; larg., 72 cent.

176 — Sous ce numéro seront vendues diverses copies d'après les maîtres italiens et flamands : le Titien, Léonard de Vinci, Rubens, Van Dyck, etc..., et plusieurs compositions d'école.

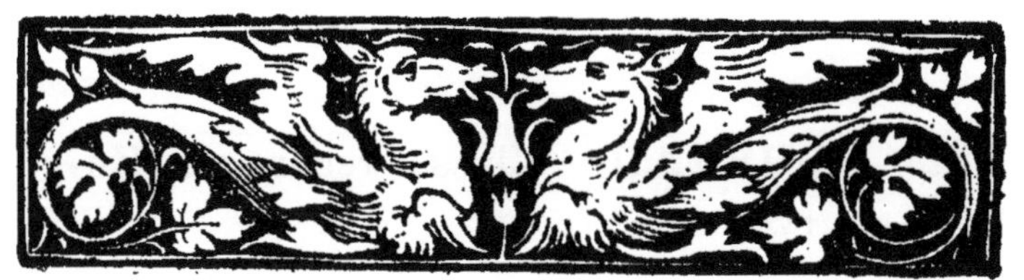

COLLECTION PARTICULIÈRE

TABLEAUX

177 — **ATTENDU (F.)**. Pièce d'armure.

Signé à droite, en bas.

Panneau. Haut., 8 cent.; larg., 10 cent.

178 — **ATTENDU (F.)**. Le Village.

Signé à gauche, en bas, et daté : *84*.

Toile. Haut., 26 cent.; larg., 40 cent.

179 — **CLERMONT (de)**. Chasse à courre.

Signé à gauche, en bas.

Panneau. Haut., 16 cent.; larg., 22 cent.

180 — **DESBROSSES (Jean)**. Sous bois.

Signé à gauche, en bas.

Toile. Haut., 40 cent.; larg., 26 cent.

181 — **DROLLING**. Chute d'eau.

Toile. Haut., 28 cent.; larg., 22 cent.

182 — **DUVEAU**. Ulysse reconnaît Euryclée.

Esquisse de concours pour le prix de Rome.

Carton. Haut., 32 cent. ; larg., 40 cent.

183 — **GALLIER (Achille)**. Les Hautes herbes.

Carton. Haut., 19 cent. ; larg., 26 cent.

184 — **GALLIER (Achille)**. Le Talus.

Carton. Haut., 22 cent. ; larg., 30 cent.

185 — **GRIMELUND**. Montagne au couchant.

Signé à droite, en bas, et daté : *1892*.

Panneau. Haut., 16 cent.; larg., 24 cent.

186 — **HUBERT (R.)**. La Tombée du soir.

Signé à gauche, en bas.

Toile. Haut., 29 cent.; larg., 36 cent.

187 — **LAVIEILLE (Eugène)**. La Chaumière.

Signé à droite, en bas.

Carton. Haut., 25 cent ; larg., 40 cent.

188 — **LEVY (Michel)**. Les Laveuses.

Signé à droite, en bas.

Toile. Haut., 27 cent.; larg., 36 cent.

189 — **LE MARE (Paul)**. Étude de cheval.

Signé à gauche, en bas.

Panneau. Haut., 32 cent.; larg., 41 cent.

190 — **MOSTIERKOX (H.)**. Une Rue.

Signé à gauche, en bas.

Panneau. Haut., 35 cent.; larg., 76 cent..

191 — **MALEVOISE (P.)**. L'Oued.

Signé à droite, en bas.

Toile. Haut., 26 cent.; larg., 40 cent.

192 — **PALIZZI**. La Lisière de la forêt.

Signé à droite, en bas.

Toile. Haut., 55 cent.; larg., 32 cent.

193 — **PARIS (J.)**. Vaches et moutons au pàturage.

Signé à gauche, en bas.

Toile. Haut., 40 cent. ; larg., 55 cent.

194 — **SÉGÉ**. Bords de l'Oise.

Toile. Haut., 24 cent. ; larg., 34 cent.

195 — **TYNELL (Marthe)**. Le Châle rouge.

Signé à droite, en bas.

Panneau. Haut., 22 cent. ; larg., 16 cent.

196 — **TURNER (Marguerite)**. Étude de Marocain.

Signé à droite, en bas.

Toile. Haut., 40 cent.; larg., 32 cent.

197 — **VIBERT.** Orphée réclamant Eurydice à Pluton.

Signé au dos et dédicacé : *1860.*

Toile. Haut., 32 cent.; larg., 40 cent.

198 — **YON (Édmond).** Le Petit pêcheur.

Signé à gauche, en bas.

Toile. Haut., 40 cent.; larg., 62 cent.

AQUARELLES

199 — **DAMBRY (Cécile).** Hallebardier.

Signé à droite, en bas.

Haut., 52 cent.; larg., 29 cent.

200 — **LODER (H.-F.-N.).** Le Vieux pêcheur.

Signé à gauche, en bas.

Haut., 46 cent.; larg., 32 cent.

201 — **MOSTIERKOX (H.).** La Nuit.

Éventail sur soie.

Signé à droite, en bas.

Haut., 35 cent.; larg., 54 cent.

202 — **NOEL** (**G.**). Carrières à Beaumont-en-Auge.

Signé à gauche, en bas.

Haut., 27 cent.; larg., 31 cent.

203 — **NOEL** (**G.**). Le Petit pont à Clères.

Signé à droite, en bas.

Haut., 30 cent.; long., 23 cent.

204 — **NOEL** (**G.**). L'Entrée de la grotte.

Signé à droite, en bas.

Haut., 32 cent.; larg., 25 cent.

205 — **RICHEY** (**A.**). Géraniums.

Signé à droite, en bas.

Haut., 47 cent.; larg., 55 cent.

206 — Sous ce numéro seront vendus les tableaux, aquarelles et dessins non catalogués.

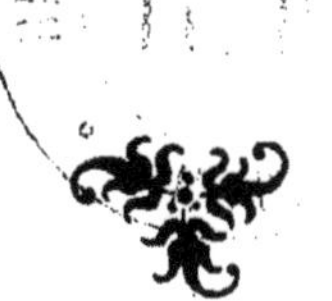

www.ingramcontent.com/pod-product-compliance
Ingram Content Group UK Ltd.
Pitfield, Milton Keynes, MK11 3LW, UK
UKHW022145260726
13993UKWH00005B/2170

9 782329 502731